AF395005

ELEGÍA

A UN MAR MUY PROFUNDO

Nicolás de Casimiro y Moya

Impresión y editorial: BoD – Books on Demand

info@bod.com.es - www.bod.com.es

Impreso en Alemania – Printed in Germany

ISBN: 9788411231404

A ella...

...y a Alora Li.

«Podría tratarse de un cuaderno con poemas para Mar.»

Laudar vollio per amore...

ELEGÍA A UN MAR MUY PROFUNDO

Índice:

INTRODUCCIÓN:

PEQUEÑAS NOTAS ACERCA DE ESTE LIBRETILLO

«Elegía a un Mar muy profundo» fue compuesto a principios del MMDCCLXXI ab Urbe condita, mientras escribía también *«Poemario de un Impuro o Extraviado»*, aunque éste segundo me llevó mucho más tiempo darlo por terminado. El pequeño poemario que tenéis entre manos, no fue más que un cúmulo de versos y voces, que en un principio pensé iban a formar parte de *«Poemario de un Impuro o Extraviado»*, pero más adelante decidí ordenar en un solo cuadernillo. También cabe destacar, que pasaron de ser un cúmulo de alabanzas, a un túmulo a la muerte de éstas.

Como breve guía que me tomo la libertad de brindar a los lectores, a continuación expondré brevemente el significado de cada una de las partes del libro en sí:

I. La primera parte es caminar por una infinita orilla, distraído en el horizonte, para de repente, darse cuenta de que suaves olas acarician los vuestros pies (cosa de la que antes ni siquiera os habíais dado cuenta), así que dais unos pasos, y seguís andando con el agua ya por los tobillos.

II. En la segunda, estáis cada vez más y más metidos en las aguas; si éstas antes os llegaban por los tobillos, ahora estáis con el agua al cuello, al finalizar esta parte.

III. Por último, en la tercera y final, puede que hayáis decidido dar la vuelta para seguir paseando, o puede, que nunca hayáis parado de nadar Mar adentro; ésto lo dejo a especulación libre del lector, mas a sabiendas de que es muy poco probable, conocer los caminos correctos en esta pequeña obra.

Nosotros, Nicolás, esperamos la disfrutéis.

PRIMERA PARTE

ALEGORÍA PRIMERA AL DOBLE MAR

Muchacha de cabello como remolino en la Mar, dime:

¿por qué desde la lejanía me observas,

si ni me buscas, ni me quieres encontrar?

Pálida, como la nieve y la harina,

       pareces mayor para ser en realidad una niña;

muchacha de nariz azur,

       en los tus ojos, agoniza la luz;

con el campo a mi lado,

       extraño fue el tu vocablo;

torcidos tus dientes,

       mas cuán hermosa tu sonrisa me parece;

parece que fue ayer cuando te conocí,

       parece que fue ayer cuando sucumbí.

Inquietud o impertinencia,

          de mí ante ti.

Realmente me gustaría saber qué piensas cuando me miras,

y el por qué.

ALEGORÍA SEGUNDA AL DOBLE MAR

Tú eres rizos y yo soy liso,

tú eres rosa, y yo soy negro;

tú cisne y yo conejo,

«I'm 93 and you're 16».

A veces me planteo si tus frases son en realidad indirectas...

No comprendo qué haces en mi cabeza,

no entiendo por qué te escribo,

puede que tu presencia me haya contagiado;

puede que sea preso del pensar en ti.

Quién iba a decir que escribiría a una chica como tú,

      quién diría que ibas a estar en mi cabeza...

Blanca piel,

      pálida

     como el cadáver de la playa,

onde[i] precipitaría mi semen perdiéndose en la suavidad de tu tacto, y

ahí perdido quedaría, en el cutis del cadáver

     que es la nada.

ODA PRIMERA AL DOBLE MAR

Se reflejan los ojos en la llaga,

en la llaga que supura,

pero el rímel de los dientes, atrofia al escozor...

Ansias por la mujer que tengo enfrente,

     asesinar el cuerpo

          con la polla,

    lamer el cuerpo

          con el alma.

Despejar la mirada;

hastío en cada movimiento,

la vida es renegada...

La vista se cierne ante las nubes,

y los recuerdos son como ovillos revueltos

y los recuerdos,

son como ovillos con agujas dentro,

apretados con fuerza entre las manos.

Me ahogo en esta pecera inútil.

Aún recuerdo las cajas de cartón onde guardaba los disfraces, dentro del armario.

Estaban decoradas con florecillas blavas[ii].

Los dedos pisados,

palabras estiércol o gota de miel,

hoy en día; sobre mi dedo.

Voluntad indestructible sólo a sobrevivir,

deseo inapaciguable de morir...

inapaciguable el deseo de vivir.

Para dos almas unidas, sólo el roce es bueno,

        para dos almas unidas

lo escrito es de imperfectos.

Naufragó el barco.

ODA SEGUNDA AL DOBLE MAR

Un sentimiento está naciendo desde dentro de mí,

un grito ensordecedor y desagradable,

que ocultándose entre mis huesos se convierte en un susurro;

tan sutil...

Un sentimientos está naciendo dentro de mí,

como tantos otros;

un sentimiento de idioma que desconozco,

de textura totalmente nueva,

y de sabor que me aterra probar.

Un sentimiento está saliendo desde dentro de mí,

como tantos otros,

y no lo entiendo... no lo comprendo,

como a tantos otros (supongo).

Podría tratarse de alucinación o sueño,

podría ser locura, o que estoy enfermo,

o quizá una verdad para la cuál soy ciego.

¿Pensamientos?, ¿claros? Palabras puras,

fecunda este sentimiento con tu leche de parábola.

ALEGORÍA TERCERA AL DOBLE MAR

Y un hombre que eran mis gritos

naufragó del viento,

ahogóse en la inmensidad de la Mar,

                    que eran sordos.

La grandeza de las olas,

¡oh!, los sollozos.

Movióse;

empujado por la marea,

vagó mucho tiempo, y sin descanso;

sin más que la luz de la Luna (que es tu rostro),

blanca cual la tu piel o los tus dientes,

como la espuma;

que me arropa bajo el brillo de las tus facciones...

Del ojo del alma aplastado en la mesa,

impreso en mi mano.

Deja que exploten mis entrañas.

Permíteme manchar estas paredes color blao cielo

y este suelo de madera clara, como claro es hoy;

con mis vísceras, cuales quizá (*qui çab*) aún conservan un ligero tono rojizo.

Deja que exploten mis entrañas,

porque es justo lo que parece

que pretendes.

Y cuando lo consigas puede que camine eterna e

imparablemente junto o fruente[iii] al atardecer.

Puede que te bese,

o que te ahogue hasta que en tu cuello no se distinga otra cosa

que la marca de las mis manos.

Desfaz[iv] el hechizo,

este maléfico maleficio con que me has conjurado.

No quiero querer tenerte que amar,

quiero tenerte y no quiero quererlo.

ODA TERCERA AL DOBLE MAR

Me sería imposible negar que quiero sentir tus incisivos en mi brazo,

que rajes así mi carne,

y efímero

        desvanecerme a través de la mordedura.

Que quiero que tus pechos estén tan cerca de mí

que hasta los sientan mis pulmones;

y poder mirarte con odio y con asco e,

intercambiar más miradas así.

Quiero morder tus nalgas, degustar el tu lirio

hasta alcanzar el núcleo; saborear tus dedos,

y tu desprotegido cuello.

Me gustaría escribirte a ti, Charco Oceánico...

No puedo negar que quiero tirarte del pelo,

y convencerte para que cambies de pantalones.

Quiero recorrer con las yemas de mis dedos

tus piernas, hasta poder crear mapa,

        sólo con el tacto...

pues bastante te he recorrido ya con la mirada;

tantos mapas he escritos con la memoria...

Me es imposible negar que quiero arrancarte

la piel a mordiscos o a besos,

y orinar mi alma en tu rostro y,

precipitar mi vida en las tus manos.

Oh, saber el calor de tus brazos...;

quiero oír esa voz tranquila,

pero quiero oírla gritar de desesperación

pidiendo ayuda.

Y me sería imposible negarlo,

de igual manera que me es imposible

saber por qué lo siento.

SEGUNDA PARTE

ALEGORÍA CUARTA AL DOBLE MAR

Como la sucia flor manchada de tu mierda;

como unos besos desde el alma,

que se perdieron al acabar la conversación.

Como el pensar en ti que es como pluma:

sin vexilo ni raquis,

¡ni ombligo ni cálamo!

sin ombligo superior ni inferior...

pues sólo tinta sobre la hoja.

Como el recuerdo de ti, que es como cuchillo:

sin mango ni hoja,

ya que sólo filo en mi interior,

una herida en el (supuesto) yo.

Como tu mano que pierde los blaos dedos,

al igual que flor que se comienza a marchitar;

pero estás comiéndote esos pétalos,

y no te quedan ya falanges,

cuando consigues parar.

ALEGORÍA QUINTA AL DOBLE MAR

el árbor[v] que el viento tumbó, No ha sido retirado;

quien te vigila desdE las alturas, y te ilumina sin cesar;

escOzor;

tras esta pared Puede que se oculten pájaros,

¿qué habrá de Habitar?

en el lagO de lana, la mujer rubia duerme;

el árbor que el tiempo ha tumbado, jamáS será retirado.

ODA CUARTA AL DOBLE MAR

Sé que estoy loco por pensar que cada frase que dices tiene un sentido específico.

Y me detesto por recordar cada minuto que pasamos cerca.

Sé que estoy loco, por escribirte,

o quizá por describirte;

o puede que me equivoque y nada te haya escrito.

De verdad que intento escapar de ti,

pero a veces me da la sensación de que éso no te deja conforme.

Eres tan salada...

que sé que estoy loco

o enfermo;

porque incluso cuando estoy al tu lado,

soy un soso.

No te lo tomes por lo personal;

ni como un cumplido,

aunque quizá lo sea.

ODA QUINTA AL DOBLE MAR

Podría pasarme cien noches describiéndote;

intentando plasmarte en el paper[vi].

Podría estar ésas cien noches recordando cada centímetro de tu cuerpo

desconocido;

o incluso redactar un suculento catálogo,

de posibilidades e ideas.

Podría usar cien palabras cada noche,

aunque tardaría otras cien en encontrar cada una

de las idóneas y adecuadas,

y aún así, sería imposible describirte con la más leve exactitud.

Podría pintar cien cuadros de ti;

y aunque todos fuesen espectaculares, por guardar

el reflejo de tu rostro,

ninguno se parecería a ti en realidad.

Te retrataría durante cien noches sólo

         ...con letras;

te colorearía con palabras, y el lienzo

sería el harena[vii];

pero aún así seguirías siéndome gris.

Y podría pasarme cien noches o

                mil,

más las que llevo ya,

idolatrándote pero,

no aguanto ni un segundo más.

Tu mirada desgarró mi alma,

y la incertidumbre me destruye...

de igual manera que lo hace el conocimiento que

       he, del país lejano

              más allí,

                  en el océano;

aquel país lejano y que desconozco,

pero del que he oído hablar y del

que he inventado miles de estorias[viii].

Aquel país lejano y más allí del océano

onde residen tus labios.

ODA SEXTA AL DOBLE MAR

Perpetuado.

Reina Absorta del Silencio,

extraña Deidad de las Profundidades

¡oh!, Emperatriz Eterna de la Ternura,

¡oh!, ¡tú!

esculpida por Miguel Ángel o compuesta por Tárrega.

Cisne plegado, alegoría de lago,

serpiente cuadrúpeda de palabras envenenadas,

tú bien sabes que los únicos despiertos a las tres de la mañana

están tristes, enamorados, borrachos, o todas.

Tú que desafías mis fuerzas y esperanzas,

y que a vampiros en mi mente alimentas;

tú que eres brillo y sombra de mediodía.

Es una bendición crearte sonrisas;

Reina del Silencio,

                    apogeadora la duda de tus uñas,

tú que cuando hablas tiemblo,

cuando miras derrumbas...

Eres *Mía Gualas*[ix] esnifando polvo marino...

¡Oh tú!, ¡Gibosa!

¡Régimen del esplendor!

Tu cuerpo es un laberinto onde imploro perderme,

tú que eres un Mar tan profundo...

Tu boca es una isla onde desearía estar atrapado.

¡Oh tú!

Reina esplendorosa de la sensualidad,

oh, belleza indescriptible mediante la razón,

tú logras hacer maleza a mis plegarias.

Guardo tu tacto como a las Repúblicas de España:

falsas, pero hermosas en la memoria.

¡Oh Gibosa!

¡Oh tú, tan sedosa!

Ráfaga, o brisa.

Sonrisa o silencio.

Tu tacto oh, nudez;

refugio o incendio,

oh, marea, ¡me hundo!

...pero no importa,

no más que tu Templo...

A veces tu mirada está tan perdida como lo está el Hombre...

Creemos un nuevo América Norteña,

llename de flores...

¡Oh! ¡Tú! ¡Gibosa!

Eres como Luna, o reflejo en el océano;

eres como océano

o su reflejo,

y humildemente, ese reflejo te dedico.

Mi pequeño Duiquer...

quiero que me manches los dedos con tus pezones;

quiero convertirme en una palabra,

porque sólo soy libre en tus labios...

ALEGORÍA SEXTA AL DOBLE MAR

Esta tristeza disimulada que emana de cada suspiro tuyo; esas sonrisas deslumbrantes, tanto las falsas como las reales; mirada obscura como águila y rosa clavada a cada verso que te dedico; esa cara de princesa, esa pose de reina, esa actitud de mendiga.

Me gustaría tocarte como si fueras un piano, acariciar tu piel de marfil y tu cabello de ébano; me gustaría hablar contigo sin miedo (no sé ni a qué), y besar tu boca de rubí o de fresa; me gustaría oír sólo la tu voz y la tu risa, reflejarme únicamente en los tus ojos y que ésa fuese la imagen de cada día. Cuánto me gustaría que estuviéramos en nuestra casa en las nubes, y que me enseñaras ortografía...

Me gustaría acariciarte como sólo se puede acariciar a la música: sin tocarte. Quiero olerte a ti entera, a pesar de ya ser adicto a tu fragancia. Y te deseo... te deseo ante mí y yo para ti. Deseo tu saliva en mi piel, y estar abrazado a ti, al tu cuerpo, y estar abrazado a tu alma...

Me haces arder... Me gustaría escribirte con mis labios una novela sobre todo tu cuerpo, cada centímetro podría ser leído por algún ángel que lograse entender los jeroglíficos que mis besos grabaron en la tu piel. Quisiera que dejásemos de ser tú lluvia y yo roca...

Pero sólo soy un Hombre, y mi cuerpo es mi cárcel, y mi mente es mi tortura, mis palabras son puñales, y mi sangre son mis lágrimas. Que ardan entonces las letras y esta carta, junto a mis besos y junto a mis versos, al igual que arde la tu existencia en mi interior; y que la ceniza vuele en respuesta a tus miradas, siendo ya sólo el recuerdo sosegado de la nada, y la sepultura a mis sentimientos, y a mi alma.

ODA SÉPTIMA AL DOBLE MAR

Te besaré mañana.

Te besaré mañana cuando las golondrinas vuelvan a posarse sobre mi polvino[xi].

Te besaré mañana,

cuando el musgo de mis pensamientos

se pudra en mis palabras,

y te diré lo que siento, porque lo sabré.

Te besaré mañana cuando tu sangre manche este suelo color laca que nos sostiene.

Te besaré mañana, cuando las hadas resuciten,

y ya te hayan entregado los míos tus poemas.

Te besaré mañana cuando tu pelo vuelva a ser largo,

y tus uñas negras.

Te besaré mañana, cuando haya logrado mirarte sin morirme,

cuando mis manos se desaten,

                    y ya sólo fluyan las palabras.

Y te mataré mañana,

y besaré tus labios con mi alma;

cuando la anciana augure grandiosas noches,

y cuando ya sin jugo

tus ojos logren verme.

Será doloroso si resulta cadáver,

será hermoso, si resulta la magia.

Eyacularé sobre tu cuerpo los versos que antaño te dediqué,

y me dejaré bañar por tu dulzura,

de igual manera que me dejé sucumbir por tu persona.

Y sí, te besaré mañana,

cuando tu cadáver sea virgen como recuerdan haberlo sido mis lágrimas.

Te besaré mañana cuando dejen de perseguirme las martas de cutis antagonista al tuyo.

Te estrangularé mañana, y seré sólo tuyo...

E imploro ser Aino,

y moverme y vivir en la Mar;

ni tímalo ni lucio, sino que salmón dorado,

nadando en ti;

por desgracia parezco estar sobre barca,

una gruesa película de madera ajena a mi huso,

que me separa de tu cuerpo acuoso.

Y me siento desdichado,

porque otros *yoes* ahora te estarán abrazando,

o hablando contigo; tantos otros...

Tantos comen de tu carne pálida.

Les maldigo...

mas, no les deseo el peor castigo,

que es ser yo en este mundo, sin ti.

Las flores hoy se agitan,

       porque saben que te besaré mañana,

pero entonces ya estarán pútridas.

Y te miraré mañana y mis ojos serán en ti como raíces o,

como cosas de esas que te hacen sonreír,

...y mirar al suelo,

para poco después volver a besarnos con la mirada.

Tú que fuiste remolinos

(y que aún lo eres, aunque sólo sea en un país lejano),

a ti que te traicionó Dalila

y que ahora pareces la última Lágida;

permitime esculpirte un siete en la nuca,

tú que descifras el amor y el asco,

tú que disfrazas...

permíteme llenar de huecos tu caja torácica.

Hablemos de *Oslo*[xii], *Trondgiem* (ese *Niðaróss*, o *Caupanguen*) y *Tromsoe* (¡el París Norteño!),

incluso de *Lilejámer*.

Hablemos de tal cantidad de sitios que no entren en tu sonrisa.

Quizá *Camchatca*, o *Chucotca*.

quién sabe si sobre Nuevos *Úlster* (que es «*Ule*»), *Múnster* (que es «*Guun*»)

y *Lénster* (que es «*Layin*»).

Hablemos de *Lisboa*,

porque mañana,

escavando agua un poco antes de la orilla del país de la Muerte,

te besaré,

y las golondrinas serán libres, al igual que lo serán nuestros besos.

TERCERA PARTE

ELEGÍA CATORCEAVA AL DOBLE MAR

Supongo que esto es un adiós,

pues suponer es gratis, de la misma manera que no lo es amar.

Un adiós mudo, como nuestro primer «*Hola*».

Y ahora escribo bajo la Luna,

acerca de las cosas que, algunas sí y otras no,

quise escribir sobre tu regazo.

Porque la Luna es un cliché en mis poemas,

como mis versos son un cliché hacia ti.

Te desvaneces;

como ya te habías desvanecido antes, sólo

que esta vez es un adiós.

Una despedida sin besos ni palabras,

una despedida como la de la tarde estival al ponerse el Sol,

como cuando el viento regala una caricia,

para de repente volver a «*no estar*»,

e ir,

       efímero,

            a acariciar a otros,

en el atardecer estival...

Supongo que en estas líneas me despido de ti,

sin que lo sepas;

así será menos doloroso.

Supongo tantas cosas...

Se acabaron los poemas,

es posible que no volvamos a vernos,

        que no nos volvamos a ver.

Me despido de ti, sin haberte conocido.

El agua salada que hace poco empapaba mi piel

encuéntrase ya lejos.

Y quedan vestigios,

pero con el tiempo olvidaré su relación contigo.

Un cabello habría sido una buena herencia,

aunque ya puestos, mejor un beso.

En tus fotos y en mis líneas

está encerrado tu olor,

        emana tu mirada.

Tan cercana, siempre escurridiza

incluso en lo que se me ha hecho sentir.

Supongo que fue hermoso imaginarse una vida a tu lado,

pero más bonito es este adiós,

pues es indoloro;

y, a la Mar lo tiro,

junto a todo lo demás,

y ahí me tiraría yo,

si no tratase de alejarme de ti.

¿Quién sabe del futuro

y quién se adentra en el recuerdo?

No hay nada seguro,

mas si tus labios muerdo

           eso sí que lo recuerdo.

Pero cuidado,

porque no siento dolor alguno por que nos despidamos, no...

Esto es un adiós entre amistad,

un perdón y un gracias,

otra carta entre dos suicidas;

esto no es más que una señal de humo,

hacia tu cielo nublado,

y es para decirte hasta luego,

o hasta nunca,

quién sabe hasta cuando y quién sabe hasta qué.

Sonriendo, aunque sí, con morriña prematura,

alzo mi pañuelo blanco según te alejas,

y no para secar lágrimas

sino que para limpiarme de sal y de pequeñas piedras.

Podría darle un toque más dramático,

pero no,

ni siquiera sé si eres la sombra insignificante de una sombra devastadora.

Supongo que esto es un adiós.

Y mi cuerpo lleno de conchas y, de caligramas,

y el tuyo lleno de *Manjatan*;

estrecho tu mano,

           allí junto a la estación,

y nos despedimos,

y te digo adiós,

  a ti,

muchacha de cabello como remolino en la Mar.

NOTAS:

i: Del Latín *unde*, ya que la forma actual *donde* deriva de la unión *de+onde*

ii: Femenino de *blao*

iii: Forma antigua de *frente*

iv: Se conserva el *h* por analogía con *satisfacer*

v: Del Latín *arbor, arboris*

vi: Del Latín *papyrvs, papyri*

vii: Del Latín *harena, harenae*

viii: Del Latín *historia, historiae*, que es también la forma antigua. Creando así un matiz de distinción entre *historia* y *estoria* semajante al del Anglés (sic) *history/story*

ix: Personaje de la película *Pulp Fiction*; en Anglés *Mia Wallace*

x: Del *Calevala*, Canto IV versos 361-364.

xi: Del Latín *pvlvinvs, pvlvini*; funda rellena de un material blando, que sirve para reclinar la cabeza

xii: Se nombran a delante distintas ciudades, la ortografía de todas ellas ha sido adaptada a la del Castellano.

Acta est fabula, ¡plaudite!

Elegía a un Mar muy profundo fue escrita a principios del año MMDCCLXXI ab Urbe condita.

ᚺᚨᛚᛚᚢ ᚹᛟᛞᚨᚾᚢ